La naissance du poulain

À Annie qui veille à tout,
un doux sourire au coin des lèvres.
M.M.

MIREILLE **MIREJ** ILLUSTRATIONS DE BRUNO **PILORGET**

La naissance du poulain

CASTOR POCHE

Futures mamans

Je jette un coup d'œil à ma montre : 16h15. Aujourd'hui, l'école n'en finit pas...
L'institutrice me rappelle à l'ordre :
— Clara ! Arrête donc de te tortiller sur ta chaise. Tu es pressée ?
— Non, non.

Je plonge le nez dans mon cahier de textes où j'inscris les leçons à apprendre pour demain.
Si je suis pressée ? Oh oui ! Le soleil d'avril m'appelle au dehors. J'aime bien l'école mais,

quand on n'a même pas neuf ans, une journée, c'est tellement long !
Après la classe, je rentre à la maison, goûte et fais mon travail le plus vite possible. Je n'ai qu'une hâte : filer chez mes voisins, Liane et son frère Hugo, qui sont en train de transformer en poney-club la vieille ferme séparée de notre maison par un pré. Moi, je les aide à soigner les huit poneys et les deux chevaux. J'apprends aussi à monter.
Avec l'arrivée de ce printemps tout doux, les jours rallongent. Maintenant, en plus des mercredis et des week-ends, je peux même passer mes soirées dans les écuries !
Hermeline, ma mère, qui est conteuse et Jacques, mon père, qui est potier, se plaignent de me voir de moins en moins, mais que peut-on faire contre une vraie passion ?

Quand je pousse le portail de la ferme, la meute des chiens me fête.
— Bonjour Clara ! dit Liane. Nous avons une drôle de nouvelle à t'annoncer.

— Une bonne ou une mauvaise ?

— Couci-couça, grogne Hugo, en secouant sa queue de cheval brune. Nos trois nouvelles ponettes Shetland sont pleines.

— Pleines ?

— Eh bien, explique Liane, elles attendent un poulain.

— C'est génial !

Hugo fait la grimace :

— Bof ! Des poulains, ça veut plutôt dire des soucis : la naissance, le vétérinaire, les soins, les compléments d'aliments...

— Oui, mais ça fera trois poneys de plus pour la cavalerie !

— N'oublie pas qu'un poney ne peut être monté qu'à trois ans, s'exclame Liane. Je suis furieuse de m'être fait avoir comme une débutante par ce marchand de chevaux*. Je les ai pourtant examinées en long, en large et en travers, mes ponettes !

— Tu ne pouvais pas deviner, tempère Hugo. Même le véto n'a rien vu la première fois où il est venu.

* Voir *Les nouveaux poneys*

— Quand même !
Liane fait demi-tour en claquant des talons. Dès qu'elle s'est éloignée, je reprends :
— Vous avez fait venir le vétérinaire ?
— Oui, pour Réglisse-Menthe qui a eu un petit malaise, ce matin. Liane en a profité pour montrer Jade, Java et Pomme d'Api au véto. Nous trouvions qu'elles avaient beaucoup grossi et que leur comportement était bizarre.
— Comment a-t-il fait ?
— Une prise de sang, simplement. Il nous a téléphoné, tout à l'heure, pour nous donner le résultat.
— Et Réglisse-Menthe ?
— Un poney de vingt-cinq ans, ce n'est plus une jeunesse. Le pauvre Pottok a eu des années difficiles. Le vétérinaire lui a fait une piqûre qui l'a remis sur pied, mais il ne vivra pas éternellement...

Je pousse un énorme soupir.
— Allez ma belle, rien ne sert de se lamenter. Va demander à Liane qui tu dois monter. Je retourne à mes travaux de maçonnerie !

— Bon courage !

Tandis qu'Hugo disparaît dans la grange qu'il transforme en centre d'hébergement pour les futurs cavaliers du poney-club, je rejoins Liane dans la sellerie.
— Excuse-moi, Liane. Est-ce que je peux monter Apache ?
— Encore lui ? Alors ! Maintenant que tu as découvert les doubles poneys, tu ne t'intéresses plus aux Shetland ?
— Si ! Bien sûr ! Mais je me suis promis de ne plus tomber d'Apache d'ici le retour de Lise le week-end prochain. Il faut que je m'entraîne…
— Quand régleras-tu donc tes problèmes avec ta sœur ?
— C'est ma demi-sœur, pas ma sœur.
— Ne joue pas sur les mots. Va préparer Apache et essaie de grandir un peu ! Tu es mignonne mais, là, franchement, tu commences à me casser les pieds avec tes histoires !

Je sais que Liane est de mauvaise humeur, ce

soir. Malgré tout, j'aimerais qu'elle comprenne un peu mieux pourquoi je ne m'entends pas avec Lise. Ma demi-sœur n'a qu'un an de plus que moi et elle m'accuse de lui avoir volé son Papa. Je n'y suis pour rien, moi ! Et Lise m'en fait voir de toutes les couleurs...

Rien ne sert de discuter avec Liane, je le sens bien. Je prends une boîte de pansage dans la sellerie, un licol et une longe et je sors, sans dire un mot.

Je siffle en ouvrant la barrière du grand pré et tous les poneys viennent vers moi. C'est vrai que les trois ponettes sont encore plus rondouillardes que les deux autres Shetland, Carton et Crevette.

En me faufilant au milieu du troupeau, je ne peux m'empêcher de caresser ces ventres qui cachent de nouvelles vies. Des poulains ! Ça va être trop super !

2

Toboggan immédiat

Après une petite papouille à tous les poneys et un gros câlin à mon préféré, Sable d'Or, qui est encore trop jeune pour être monté, j'attrape Apache. Je le conduis dans la cour et commence à le panser. Et je lui parle, tout en le brossant :

— Mon vieux, j'ai un souci. Je monte à poney depuis plus longtemps que Lise et tu passes ton temps à me mettre par terre, alors que tu la respectes, elle. Explique-moi donc ce qui ne va pas !

Apache tourne son gros œil bleuté vers moi. Je

jurerais qu'il sourit du coin des lèvres.
— J'en ai assez de passer pour une idiote devant tout le monde. Tu pourrais être un peu plus sympa !
— Tu es prête ? demande Liane en jaillissant de la sellerie.
— Presque ! Je n'ai plus qu'à le seller et lui mettre le filet.
— OK ! Va dans le rond de travail quand tu auras fini. Je te rejoindrai.
— D'acc !

Je pose le tapis puis la selle sur le dos d'Apache et sangle sans trop serrer. Les poneys gonflent souvent leur ventre quand on les prépare. C'est pour ça qu'il faut toujours ressangler avant de monter. Sinon, catastrophe ! Comme le poney dégonfle dès qu'il a fait quelques pas, la selle risquerait de tourner, et le cavalier, avec...
Ensuite, je mets le filet sur sa tête, boucle la muserolle et la sous-gorge. J'enlève le licol, passe les rênes au-dessus de l'encolure :
— En route, mauvaise troupe !

Apache marche derrière moi, sagement.

Pourtant, je ne suis pas rassurée. C'est la première fois que j'entre seule dans le rond de sable.
Je déteste Lise, c'est entendu mais, lorsqu'elle est là, ça nous permet de monter ensemble. C'est plus sympa, je dois le reconnaître. Incroyable de devoir avouer qu'elle me manque !
Liane n'arrive pas. Cela fait au moins dix minutes que je suis plantée là, et Apache commence à s'impatienter. Il gratte le sol d'un antérieur, comme s'il voulait se rouler. Catastrophe ! Si un poney se roule avec sa selle, ça peut la casser d'un coup. Et une selle, ce n'est pas donné !
Je me mets à tourner sur le rond, Apache derrière moi. Mais ça ne va pas. Il s'énerve de plus en plus. Je le comprends. Moi aussi, je m'énerve. Il n'y a rien de pire que d'attendre sans rien faire. Le poney me marche presque sur les talons. À ce régime-là, il va finir par arracher l'arrière de mes bottes d'un coup de sabot.
— Écoute, bonhomme, je vais te monter dessus. On va travailler au pas, en attendant Liane.

Je le ramène au centre et ressangle. Au moment

où je pose mon pied dans l'étrier pour me hisser en selle, il exécute une drôle de petite cabriole. Un coup sur les pieds de derrière, un coup sur les pieds de devant.

— Hep ! Apache, tu es fou. Non mais ! Si tu crois que je vais me laisser faire...

J'ajuste bien mes rênes dans la main gauche, m'agrippe au pommeau de la selle et remets mon pied en place. Quand je m'élève en souplesse, Apache refait la même cabriole puissance dix. Résultat : au lieu d'atterrir dans la selle, me voici sur la croupe.

Monsieur Apache n'apprécie pas. Il donne un bon coup de cul et me projette sur son encolure. Toboggan immédiat : me voici par terre. Il s'enfuit au galop, rênes pendantes.
J'essaie de me relever pour lui courir après mais, c'est bizarre, j'ai un mal fou à me remettre sur pied. Je ressens une violente douleur en bas du ventre, sur la droite plus précisément. Ouille ! C'est comme un déchirement. Je me plie en deux.
— Clara ! s'exclame Liane. Que t'arrive-t-il ?

Le souffle coupé, je lui réponds d'une voix mourante :
— Apache ! Vite ! Il s'est sauvé.
— Assieds-toi ! Il n'ira pas loin. Et toi ? As-tu pris un coup de pied ?
— J'crois pas. J'sais pas. J'ai mal là.
— Respire un grand coup. Je suis vraiment désolée. Je devais passer un coup de téléphone important. Cela m'a pris beaucoup plus de temps que prévu.

Tout à coup, la douleur s'estompe. Je souris :
— Ça va ! Je ne sens plus rien. J'ai voulu monter parce qu'il s'énervait.

— Tu te sens capable de remonter ?

Je me lève, me secoue :

— C'est fini. Tout va bien, je t'assure !

— Ouf ! Attends. Je vais le récupérer.

Après quelques minutes, Liane revient avec Apache.

— Raconte-moi ce qui s'est passé en détail, dit-elle.

J'explique la cabriole du poney.

— Par hasard, tu ne lui aurais pas mis le pied dans les côtes ?

— Peut-être un peu !

— Tu sais qu'il est chatouilleux. Il n'a pas dû aimer.

— Tu dois avoir raison.

— D'ailleurs, je pense à un truc. Tu as remarqué que Lise place mieux ses jambes que toi. Ne serait-ce pas la raison pour laquelle Apache ne la met pas par terre, alors qu'il aime tant se débarrasser de toi ?

— Peut-être !

— Bon ! Je t'aide à monter. Aujourd'hui, tu vas essayer de le toucher le moins possible avec tes pieds. On va travailler au pas un maximum. D'accord ?

— D'accord !
— Baisse bien tes talons et tourne tes pointes de pied vers l'extérieur.

Après un bon quart d'heure de pas, où je m'efforce de garder les jambes fixes, je dois me rendre à l'évidence : si je ne chatouille pas Apache, il se montre adorable avec moi.
— Nous allons essayer au petit trot. Fais attention à tes jambes.

Au trot, c'est plus dur. Mes jambes dansent un peu contre la sangle. Les empêcher de frotter le ventre du poney, ça me donne un mal de chien.

Soudain, la drôle de douleur se réveille.
— Marche au pas, Clara ! ordonne Liane. Tu es toute blanche. Que se passe-t-il ?
— La même chose que tout à l'heure.
— On arrête pour aujourd'hui. Tu vas te reposer.

3

Les mystères de la nature

Quand je rentre à la maison, je n'ai plus mal du tout. Je suis furieuse de ne pas avoir pu nourrir les poneys, comme d'habitude. Mais Liane n'a rien voulu entendre :

— Ça me contrarie beaucoup que tu te sois fais mal alors que je n'étais pas là pour te surveiller. Si cela recommence, promets-moi que tu iras voir un médecin.

— Je te dis que c'est terminé. Ce n'est rien. Juste le fait de m'entraîner à fixer mes jambes. Mes muscles

n'ont pas l'habitude.
— Que vont dire Jacques et Hermeline si je leur rends une fille en petits morceaux ?
— Rien du tout ! Je veux arriver à gagner contre Apache. Si tu as trouvé la recette, j'y arriverai...
— Tu as déjà réussi à ne pas te faire éjecter pendant la leçon. Apache s'en souviendra. La prochaine fois, je suis certaine que tu pourras trotter plus longtemps. Maintenant, repos forcé ou je t'interdis de remettre les pieds ici !

J'aurais bien aimé ne pas raconter les derniers événements à mes parents, mais le fait que je rentre si tôt m'a trahie.
Maman m'a envoyée au lit jusqu'au dîner. Elle a même failli monter un plateau-repas dans ma chambre !

Après une grande nuit de sommeil, la douleur a bel et bien disparu. À la fin de la journée, je retourne à la ferme, en pleine forme.
— Ce soir, tu montes Carton, dit Liane.

— Pas Apache ?
— Non, ma belle. Tu seras plus détendue sur un Shetland. Cela ne t'empêche pas de maintenir tes jambes en place.

Je grogne un peu en allant chercher la boîte de pansage.
— Inutile de grommeler. Tes progrès sur un petit poney te serviront sur un double et tu ne perdras pas de temps pour faire concurrence à Lise. Pas de discussion !

Carton, c'est le premier poney que j'ai monté. Je l'aime bien. Le défaut, sur les Shetland, c'est que les selles n'ont pas d'étriers : excellent pour apprendre à tenir en équilibre, mais dangereux dans les virages trop serrés !
Liane ne se gêne pas pour me reprendre dès que mes pieds quittent leur place au trot ou au galop.
En tout cas, la vilaine douleur ne revient pas.
— Tu vois que ce n'était pas grave. Je n'ai rien senti sur Carton.
— Tant mieux !
— Dis Liane ! Les poulains, c'est pour quand ?

— Difficile à dire quand on ne connaît pas la date de la saillie par l'étalon. J'ai téléphoné à cette espèce de maquignon qui nous a vendu les ponettes et il m'a pratiquement ri au nez.

— Pourquoi ? C'est sa faute !

— Il lui passe beaucoup de poneys entre les mains. Il arrive qu'un mâle soit lâché avec les juments. Je lui ai demandé s'il se souvenait du moment où Pomme d'Api, Jade et Java étaient arrivées chez lui et s'il y avait un étalon dans leur groupe. Il a pris ses grands airs : « Madame, si vous croyez que j'ai le temps de prendre des notes ! » Je ne le sentais pas, ce marchand. J'avais raison…
— Alors, ce sera une surprise ?
— Et des nuits de surveillance, d'ici-là. D'après le vétérinaire, c'est Jade qui devrait mettre bas la première, mais quand ? Une jument porte son petit pendant onze mois… En début de gestation, on peut lui faire passer une échographie. Cela permet de dater la saillie. Après, cela ne sert plus à rien.
— C'est bizarre qu'on n'ait rien vu, quand même.
— Quand je montais dans un club, il y a quelques années, il y avait une jument géniale que je faisais travailler tous les jours. Un soir, je l'ai trouvée molle. Cela ne lui ressemblait pas. Et elle avait un peu grossi ; juste un peu, je t'assure. Le moniteur l'a mise au repos. On pensait tous qu'elle était

fatiguée. La semaine suivante, on a découvert un poulain dans son box en venant la nourrir le matin. Nous n'en sommes pas revenus.

— Oh ! Je m'en doute. Tu parles d'une surprise.

— Elle était au club depuis au moins six mois. Et personne n'aurait pu imaginer ça. Quand je pense que je l'ai sanglée chaque jour bien serré ! La pauvre… Le poulain faisait un poids normal et était magnifique. Alors, tu penses, avec les Shetland qui ont déjà un petit ventre rond… C'est encore plus difficile à voir !

— Tu dis que vous allez surveiller les ponettes, la nuit ?

— Les poulains naissent presque toujours la nuit. En général, cela se passe bien mais, s'il y a un problème quelconque, il vaut mieux pouvoir intervenir ou appeler le vétérinaire. Dès la prochaine pleine lune, nous commencerons les tours de garde, Hugo et moi.

— À la pleine lune ?

— Souvent, ça déclenche les naissances. Cela fait partie des mystères de la nature…

— Euh... Tu crois que, de temps en temps, je pourrai veiller avec vous ?
— Ah ça ! Je ne sais pas. Une nuit, c'est long. La naissance peut avoir lieu à minuit comme à quatre heures du matin... tu t'imagines passer une nuit blanche dans un box ? T'es encore toute petite : si on pressait le bout de ton nez, il en sortirait du lait !
— Oh ! Tu te moques de moi ! Je ne suis plus petite du tout et j'aimerais tellement voir naître un poulain !
— On en parlera avec tes parents.

4

Indispensable

En entrant dans la cuisine, je m'écrie :

— Papa ! Maman ! Liane et Hugo risquent d'avoir besoin de moi quand les poulains vont naître. Je vous en supplie. Laissez-moi veiller avec eux à la prochaine pleine lune.

— Que racontes-tu ? demande Papa. Besoin de toi ?

Je baisse la tête :

— Ils n'auront peut-être pas vraiment besoin que je sois là, mais moi, oui !

— Ah, ah ! dit Papa. Je comprends mieux.

Ça m'étonnait que tu sois devenue indispensable en si peu de temps !

— Mais oui ! Je suis indispensable. Comment feraient Liane et Hugo si je ne nourrissais pas les poneys le dimanche matin et si je ne montais pas les Shetland pour préparer l'ouverture du poney-club ?

Maman éclate de rire :

— Oui, ma chérie. Tu es très utile, mais toute ta vie ne doit pas tourner autour des poneys.

— Les chevaux, c'est mon avenir. J'en ferai mon métier. Il faut que j'apprenne tout, comme Liane.

Papa me caresse le front :

— Tu as le temps, petite fille !

Maman traverse la cuisine et saisit le calendrier des postes, celui que j'ai choisi avec, justement, une jument et son poulain broutant de la belle herbe verte.

— Et d'abord, dit-elle, c'est quand la prochaine pleine lune ?

Son doigt suit la colonne « avril » :

— Nous sommes dans le dernier quartier... Alors...

Ce sera le 15 mai.

Mon cœur bat à toute vitesse. Pourvu que ce ne soit pas un soir de semaine !

— Ça tombe quand, le 15 mai ?

— Tu as vraiment de la chance, dit Papa qui a posé son menton sur l'épaule de Maman pour regarder en même temps qu'elle. C'est le samedi de la Pentecôte : deux jours pour récupérer !

— Tu serais d'accord pour qu'elle passe sa nuit à l'écurie ? demande Maman vaguement inquiète.

— Pourquoi pas ! Tu te rends compte du souvenir qu'elle aurait... si le poulain choisit vraiment cette nuit pour venir au monde. Je me cacherais bien dans la paille avec toi, ma Clara !

— Tiens ! dit Maman, c'est un week-end avec Lise.

— Fantastique ! s'exclame Papa. Elles pourront veiller ensemble...

Et voilà ! Une fois de plus, le prénom de Lise douche ma joie. Pourquoi faut-il toujours qu'elle soit là pour m'enquiquiner, celle-là ? Je n'ai pas envie de partager ma nuit à l'écurie avec elle. Zut de zut !

— Oh ! Et puis ça tombe très bien, reprend Maman. C'est la Nuit du conte à Gros-Bourg. Tu pourras m'accompagner, Jacques, si les filles sont chez les voisins. Cela me ferait tellement plaisir que tu viennes m'écouter...
— Bonne idée. Quoique... Je me demande si Clara ne préférerait pas aller avec nous. Elle aussi aime t'écouter conter.
— J'adore, mais je crois que je préfère les écuries. Pardon, Maman ! Des contes, tu en dis souvent ; j'aurai d'autres occasions...
— Tandis que le premier poulain de ta vie ! coupe ma mère. J'espère une seule chose, Clara : c'est qu'il soit au rendez-vous de la pleine lune.

Après le dîner, je monte dans ma chambre, éteins la lumière et ouvre grand ma fenêtre. Le ciel est constellé d'étoiles et le quartier de lune ressemble tant à un visage que j'ai presque envie de lui faire la conversation.
La ferme dort, tapie au milieu des prés. Il n'y a même pas de lumière aux fenêtres de la maison

d'habitation.
Je voudrais ne dormir que d'un œil toutes les nuits à venir. Parce qu'au moindre bruit, de mon observatoire, je pourrais guetter les lumières et deviner ce qui se passe à l'écurie.
Je soupire un grand coup et gagne mon lit. Pourvu que Jade attende le 15 mai !
Quand sept heures sonnent, je me lève épuisée.

Je me suis réveillée toutes les heures et, chaque fois, j'ai foncé à la fenêtre. Il ne se passait rien, évidemment. Les aboiements de chiens, les grincements de la porte cochère des voisins devaient être dans mes rêves.

J'ai vu la lune s'évanouir à l'autre bout du ciel puis, à l'aube, le soleil poindre à l'horizon. C'étaient bien les seules choses qui bougeaient dans le village et offraient leur spectacle pour moi seule.

J'ai eu l'impression que le monde m'appartenait : une sensation qui fait bondir le cœur.

Au petit déjeuner, en tout cas, plus rien ne bondit. Je suis fatiguée...

— Dis donc, Clara, observe Papa. Si tu veux tenir jusqu'au mois prochain, il va falloir dormir et aussi nous laisser dormir. Nous avons entendu une petite souris trottiner dans sa chambre toute la nuit. Si cela recommence, je vais être obligé de mettre une grosse tapette devant la fenêtre de cette souris !

— J'ai fait des rêves, des rêves ! C'était plus fort que moi. Il fallait que j'aille vérifier.

— Vérifie ton chocolat, maintenant ! Tu vas finir par laisser tomber ton nez dedans !

Direction : urgences

Sur mon calendrier, je raye les jours. Il n'en reste plus que deux avant la pleine lune.

Jade, Java et Pomme d'Api s'arrondissent. Et bien sûr, elles n'ont plus le droit de travailler.

— C'est une chance qu'on n'ait pas beaucoup de cavaliers, dit Hugo. Il ne reste qu'Apache, Carton et Crevette de valides !

— Il faudrait qu'on prenne le temps de monter les chevaux, soupire Liane. Ce n'est pas Clara qui peut le faire à notre place.

— Je sais, répond Hugo, mais quand j'ai fini de porter mes brouettes de béton, je n'ai qu'une envie : aller me coucher ! Alors, panser, seller, c'est au-dessus de mes forces !
— Moi, je peux te préparer ton cheval. Si tu n'as plus qu'à grimper dessus, ça devrait aller ?
— D'accord Clara, mais tu es sûre que tu n'auras pas besoin d'un escabeau ?
— Je me tue à te répéter que je ne suis pas si petite.
— On va s'offrir une promenade, dit Liane, cela nous changera. Clara, crois-tu que tu parviendras à seller Bug's, Bunny et Apache ?

Je hoche la tête.

C'est la première fois que je vais chercher les chevaux dans le pré du fond. Heureusement que Bug's et Bunny ont leur licol, parce que Hugo a raison : ils sont terriblement hauts.

Je les conduis dans la cour l'un après l'autre et je les panse, puis transporte les selles et les filets. Je ne sais plus où donner de la tête. Pendant que je selle Bug's, Bunny mordille un volet dans lequel il finit par se cogner.

Je me précipite pour éviter qu'il ne casse sa longe mais au même moment, j'aperçois Apache, en train de déchiqueter une brosse volée dans la boîte de pansage. Pfouh ! C'est épuisant de préparer trois montures à la fois.
— Pas mal ! dit Hugo, quand je lui tends son cheval. On va pouvoir te nommer lad* en chef. Merci, ma belle !
— Tu t'en es très bien tirée, apprécie Liane. Allez, en selle !

Ma fierté est de courte durée. Il me vient soudain une angoisse :
— Dis, Liane. Tu l'as déjà essayé en extérieur, Apache ?
— Pas encore, mais ne t'inquiète pas. Nous serons là pour t'encadrer.

Notre petite troupe gagne la forêt et je me rassure vite : Apache est si content de sortir de la ferme qu'il ne pense plus à se débarrasser de sa cavalière.
Pas, trot, galop, je nage dans le bonheur. Au retour, pourtant, la douleur que j'avais complètement

** Personne chargée de garder et soigner les chevaux dans un haras.*

oubliée revient. J'ai beaucoup de mal à descendre de poney.
— Alors, dit Liane. Tu es contente ? Si tu veux, on recommence demain. Apache a l'air de te prendre au sérieux, maintenant.

Je grimace un petit « oui ».
— Ça ne va pas ?
— Si si. D'accord, on recommence demain.

Difficile de faire semblant d'être parfaitement heureuse, quand la douleur me vrille le côté droit. Mais je ne veux pas manquer la promenade promise et je murmure :
— Je te connais, vilaine douleur. Tu ne m'auras pas !

Dans la nuit, la souffrance se calme un peu, mais j'ai chaud, je transpire. Et toute la journée, je ne me sens pas très bien. J'ai mal au ventre, les oreilles qui bourdonnent et envie de vomir.
Ma mère est si occupée par les préparatifs de sa Nuit du conte qu'elle ne remarque rien. Tant mieux. Ce n'est pas une douleur qui va me priver d'une balade avec Apache ! Surtout que Lise arrive

demain midi. J'ai envie d'assurer ma victoire sur le poney avant qu'elle ne soit là.
Après l'école, je file à l'écurie. Enfin, filer est un bien grand mot ! Je marche doucement en me tenant le côté dès que personne ne peut me voir.
Je prépare nos trois montures au ralenti. J'ai tellement mal au cœur…
Au moment de grimper en selle, ma tête se met à tourner si fort que je me retrouve assise par terre.
Liane se précipite :
— Que se passe-t-il ?
— Rien ! C'est ma douleur de l'autre fois. Ça va aller !
— Tu es brûlante de fièvre. Il y a autre chose. Je te ramène chez toi. Il faut aller voir le médecin.
— Mais non, je t'assure. Ce sont mes muscles.

Hugo s'approche et me tâte le front. Sans que j'aie le temps de réagir, il me prend dans ses bras et m'emporte au pas de course jusqu'à la maison.
— Direction : urgences ! s'exclame Papa. C'est certainement l'appendicite.

Je pleure à petits coups. Pourquoi les adultes ne

veulent-ils pas comprendre qu'une bête douleur ne peut pas m'empêcher de monter Apache et d'assister à la naissance du poulain ?

Sur la banquette arrière, Maman m'entoure de ses bras, tandis que Papa roule à toute allure en évitant les trous et ralentissant sur les bosses, parce que les secousses me font hurler.

— Pourquoi n'as-tu rien dit, ma chatoune ? demande Maman.

— C'était la même douleur qu'après ma chute d'Apache.

— C'était au même endroit, mais les petites filles doivent toujours parler de leurs soucis. Une crise d'appendicite, ça se soigne tout de suite ou ça peut devenir très grave.

6

C'est fichu pour la pleine lune

Papa se gare devant les urgences de l'hôpital. Il sort de la voiture comme un diable jaillit de sa boîte.
Je sanglote doucement dans les bras de Maman. Pour une fois, je veux bien redevenir une toute petite fille, plus du tout Clara la grande !
Quelques minutes après, Papa revient :
— Nous avons de la chance. Il n'y a personne aux urgences. Ils vont s'occuper de toi tout de suite.

Il me prend dans ses bras, me transporte comme un paquet précieux. Maman nous précède en

courant pour ouvrir les portes.
C'est une femme qui m'ausculte. Elle a un visage très doux entouré de cheveux blond cendré.
— C'est bien une appendicite aiguë, conclut-elle. Il n'y a aucun doute possible. À quelle heure as-tu mangé pour la dernière fois ?
— Ce midi. Mais pas grand-chose, parce que je n'avais pas faim.
— Tu n'as pas goûté ?
— J'avais trop mal au cœur.

Maman se tord les mains, à l'autre bout de la pièce. Je sais qu'elle s'en veut de ne pas avoir remarqué mon manque d'appétit et je voudrais crier que ce n'est pas sa faute, que j'ai fait exprès de me cacher. Je n'en ai pas la force.
— Pourquoi pleures-tu ? demande la femme docteur. As-tu très mal, as-tu peur ?
— Je vais rater la pleine lune…

Elle interroge mes parents du regard et éclate d'un rire léger en entendant leurs explications.
— Moi aussi, dit-elle, je suis passionnée de chevaux. Je vais t'opérer tout de suite. C'est une petite inter-

vention et tu t'en remettras vite. Je suis certaine que ce poulain t'attendra pour naître.

Après, je n'ai que des souvenirs très vagues. On m'a fait une prise de sang et un homme tout barbu avec des dents très blanches qui brillaient au milieu de ses poils de barbe est venu me parler. C'était l'anesthésiste.

Maman m'a embrassée et Papa a serré fort les doigts de ma main.

Ensuite, je me suis retrouvée sur une table sous une

grosse lampe dont les énormes yeux curieux semblaient me regarder en détail.

J'ai reconnu la femme docteur, mais ses cheveux étaient cachés par une sorte de calot de tissu. Elle s'est mise à me parler très gentiment. Puis, plus rien...

Je me réveille dans une chambre éclairée par une sorte de veilleuse. Des ombres grises ou noires habillent les murs. Ma mère est assise près de mon lit.
J'ai l'impression que mon corps flotte sur des nuages de coton. Je n'ai plus mal au ventre, mais toujours envie de vomir et la tête lourde… Ma gorge pique un peu. Beurk ! J'ai aussi un drôle de goût dans la bouche.
— Comment va ma chatoune ? demande Maman.
— Mal au cœur et à la tête.
— C'est l'anesthésie. Cela va passer. Rendors-toi !

J'ai envie de poser des questions, mais pas la force de faire des phrases :
— Dis-moi tout…

Maman raconte d'une voix chantante :
— Tout s'est très bien passé. On t'a fait un petit trou dans le nombril pour y glisser une caméra minuscule et un autre petit trou à l'endroit de ce vilain appendice. Les opérations d'aujourd'hui, c'est merveilleux : plus de grande cicatrice pour abîmer les ventres des demoiselles.

Sa voix me berce. Pour un peu, je me rendormirais.

— La caméra est reliée à un écran de télévision. Cela permet d'enlever l'appendice avec des outils très fins et une grande précision. Si bien qu'on guérit beaucoup plus vite.

Je trouve juste la force de demander :

— Je sors quand ?

— Mardi, normalement.

Je serre les poings ; c'est fichu pour la pleine lune !

— Je resterai avec toi. Il y a un lit dans ta chambre.

— Ah non ! Je veux que tu ailles conter ce soir. Tu prépares ça depuis si longtemps.

— Non, ma chérie. Ma fille est plus importante que la Nuit du conte.

— C'est faux ! Et je suis grande. Fais-le pour moi. Je t'en supplie. Tu me raconteras.

— On verra…

L'après-midi, Papa joint ses efforts aux miens et nous parvenons à persuader Maman d'aller à Grosbourg.

La nuit qui suit est horrible. Ce n'est pas d'être seule qui me chagrine et je me sens plutôt mieux physiquement. Mais je vois Jade, en train de pouliner sous les yeux émerveillés de Lise, et cela me fend le cœur.

Chaque fois que je ferme les yeux, je me retrouve à l'écurie et me réveille en sursaut.

À l'aube, je finis par m'endormir et sommeille à moitié jusqu'au déjeuner.

Pourtant, un matin à l'hôpital, ce n'est vraiment pas reposant. Il y a tout le temps quelqu'un qui passe pour prendre la tension ou la température, changer les draps du lit ou nettoyer le sol. Le médecin fait sa visite, puis une infirmière vient pour les soins. Cela n'arrête pas.

C'est rageant d'être réveillée, remuée, questionnée toutes les cinq minutes. Cela m'énerve d'autant plus que je n'attends pas de visite avant cet après-midi. Dans notre petite maison bien calme, la famille entière doit rattraper sa Nuit du conte ou sa veille à l'écurie.

7

Mauvaise blague

Après mon déjeuner d'hôpital, beaucoup moins bon que les repas de Maman, la première à pénétrer dans ma chambre est Lise.

Ma demi-sœur semble un peu fatiguée, mais au comble du bonheur. Qu'est-ce que Lise vient faire dans ma chambre ?

— Tu es toute seule ?

— Ta mère arrive. Elle papote avec ton docteur. Je n'ai pas voulu attendre plus longtemps pour t'annoncer la bonne nouvelle.

Mon cœur se serre. Ce que je redoutais est donc arrivé :

— Le poulain est né ?

Lise hoche la tête avec un petit air satisfait.

— Tu étais là ?

— Bien sûr ! C'est la plus belle nuit de ma vie. Tu aurais vu ça.

Je me retiens de ne pas fondre en larmes. Lise serait trop contente de mon chagrin. Je préfère lui répondre sèchement :

— J'en verrai d'autres. J'habite ici toute l'année, pas toi.

Je suis triste et furieuse. Lise a profité de cette naissance, alors qu'elle va cent fois moins souvent à la ferme que moi. C'est dégoûtant. Et moi qui me retournais sur mon lit d'hôpital pendant ce temps-là ! C'est ma faute, aussi. Je suis vraiment trop idiote de lui avoir proposé de monter à poney avec moi. J'aurais dû la laisser dans son coin. Je me mettrais des claques...

Je me force à redevenir calme :

— Alors, raconte. Dis-moi ce qui s'est passé.

Lise prend sa respiration. Elle arrondit les lèvres comme si elle savourait d'avance ce qu'elle va me dire et… s'arrête net dès que la porte s'ouvre sur Maman.

— Bonjour Chatounette. Comment te sens-tu ?

— Très bien ! dis-je d'une voix pincée. On ne peut pas se sentir mieux. Le poulain de Jade est né cette nuit. Je suis très heureuse que Lise ait assisté à un poulinage. Tout va très bien. Et toi ?

La bouche de Maman reste ouverte quelques secondes. Elle forme un « o » parfait.

— Comment ? Lise, qu'es-tu allée raconter à Clara ?

— Une blague ! Elle n'a pas un poil d'humour. Ce doit être l'anesthésie...

Mon regard va de l'une à l'autre sans comprendre.

— Petite chipie, grogne Maman. Il faut toujours que tu l'asticotes. Jade n'a pas mis bas, Clara. La nuit blanche n'a servi à rien.

Je décoche un regard mauvais à Lise qui rit de sa farce.

— J'te déteste, ai-je murmuré.

— Moi aussi !

— Ne recommencez pas, dit Maman très en colère. Lise, nous allons descendre et je vais appeler Jacques pour lui demander de te reconduire à la maison. Moi qui pensais que tu avais voulu venir parce que tu t'étais inquiétée pour ta sœur ! Je n'aurais pas dû t'amener... À tout à l'heure, Clara.

Au moment de sortir de ma chambre, Lise se retourne :

— Je t'ai peut-être fait une mauvaise blague, mais ce n'est pas ma faute si tu es à l'hôpital. C'est toujours toi la pauvre petite que tout le monde adore. Et, comme tu es tout le temps fourrée chez Liane et Hugo, c'est toi qui vas voir naître le poulain, alors que moi, je ne serai pas là. Tu trouves ça juste ?

Maman pousse Lise gentiment, hors de la chambre, et je l'entends lui parler dans le couloir d'une voix bien plus affectueuse que tout à l'heure quand elle était tellement énervée après elle.

Je me demande bien ce que Lise s'apprêtait à me raconter quand Maman est arrivée à point pour arrêter son poulinage imaginaire.

Telle que je la connais, elle est capable d'avoir potassé mes livres sur les chevaux afin d'inventer une histoire qui tienne debout. Va-t-elle aussi se vanter d'avoir vu naître un poulain dans son école ? Après tout, je me moque de Lise, son école, ses histoires et même de sa mère que mon père a aimée avant la mienne, et je m'enfonce la tête dans l'oreiller pour ne plus y penser.

Juste à ce moment-là, Maman entre dans ma chambre au bras de Hugo. Oubliées les tracasseries de ma demi-sœur ! J'essaie de bondir de mon lit pour lui sauter dans les bras, mais ouille ! Ça tire tout de même du côté de mes « petits trous ».
— Du calme, Mademoiselle la grande malade. On ne saute pas comme un cabri le lendemain d'une opération.
— Tu es venu tout seul ?
— Liane est restée en bas avec Lise qui pleurait comme un bébé.
— Elle pleurait ?
— Oui ! dit Maman. Elle s'est énervée et la tristesse est ressortie.
— Pourquoi serait-elle triste ? Sa blague aurait dû la faire rire.

— Tu ne te demandes jamais pourquoi elle joue les petites pestes comme ça ? interroge Hugo.

— Non !

— Peut-être est-elle malheureuse..., suggère Maman. Grandir loin de son Papa, c'est dur.

— Ce n'est pas une raison pour être méchante.

— Ce n'est pas si simple, dit Hugo. En tout cas, dépêche-toi de sortir de l'hôpital. Jade n'a pas mis bas cette nuit, mais elle a de la cire sur les mamelles.

— De la cire ?

— Les mamelles suintent un peu. C'est le signe d'une naissance proche. La future maman prépare l'allaitement de son petit...

— Je me dépêche. Promis !

8

Aux premières loges

Une opération de l'appendicite par cœlioscopie (un mot très savant !), cela ne fait pas de grande cicatrice et guérit vite… Tout de même, je suis privée de sport et, surtout, de poney… pour un mois, un grand mois.

Je dois reprendre l'école bien avant ça, mais j'ai droit à une petite convalescence. Maman m'a installé un fauteuil confortable devant la fenêtre de ma chambre et je suis aux premières loges pour observer la vie de la ferme. Génial !

La nuit, le troupeau rentre au box. Chaque matin, c'est pareil, je me lève en même temps que le soleil. Au mois de mai, il n'est pas paresseux le soleil, c'est le moins qu'on puisse dire. Alors j'attends et je me ronge d'impatience.
À sept heures et demie très précises, Hugo ou Liane apparaît — cela dépend des jours. Celui dont c'est le tour entre dans l'écurie. Après, je recommence à attendre. C'est très mauvais pour les nerfs.
Quand les poneys ont enfin terminé leur ration, je surveille leur sortie.
— Apache, Sable d'Or, Carton, Crevette, Réglisse-Menthe, Pomme d'Api, Jade, Java...

S'ils traversent tous en direction du pré, c'est que le poulain n'est pas né pendant la nuit. Il se fait désirer, celui-là, et on a l'impression que la pauvre Jade va exploser. C'est amusant comme elle a rattrapé son retard. J'ai l'impression que son ventre a pris des centimètres tous les jours, depuis que nous sommes au courant.

Aujourd'hui, on est samedi et je suis à mon poste depuis l'aube. J'ai bien dormi, je me sens guérie. J'ai hâte de retourner à la ferme. Même si je n'ai pas le droit de monter, je pourrais faire des petites choses...

Il est huit heures et rien ne bouge à côté. Les chiens n'aboient pas, les poneys ne hennissent pas. C'est le calme plat. Je m'ennuie.

Soudain, je sursaute. Tiens ! Hugo sort directement de l'écurie. Pourtant, je suis certaine de ne pas l'avoir vu quitter la maison avant. Le rythme de mon cœur s'accélère : s'est-il passé quelque chose, cette nuit ?

Voici Liane, à son tour. Elle s'étire au soleil, se frotte les yeux. Tout cela n'est pas normal et je suis au comble de l'excitation.
Derrière eux, apparaît le troupeau : Carton, Crevette, Sable d'Or, Apache. Ils s'élancent vers le pré au galop. Trois chiens les suivent en aboyant, et Liane ne leur crie même pas de laisser les poneys tranquilles, comme elle le fait d'habitude.
J'aperçois Réglisse-Menthe à la porte. Le vieux poney semble ébloui par le soleil. Il hésite sur le seuil.
— Dépêche-toi, dis-je tout haut. Réglisse-Menthe, pousse-toi ! Tu ne vois pas que tu empêches les autres de passer.

Il avance enfin à pas lents. Une ponette noire jaillit en le bousculant et fonce au grand trot vers le pré.
C'est Jade ? Non, Java ! De loin, elles se ressemblent trop. Et voilà Pomme d'Api avec son gros ventre et ses petites jambes qui essaie de rattraper sa copine en secouant la tête.
C'est tout ! Le troupeau est sorti. Jade reste donc au

box parce que son poulain doit être né cette nuit. Youpi ! J'enfile un jogging puis descends l'escalier le plus vite possible. Et je trouve mes parents en train de prendre un petit déjeuner paisible dans la cuisine.

— Quelle tornade ! s'exclame Papa.

Je me mets à chantonner comme font les enfants de maternelle dans la cour de récréation :

— Je crois bien que le poulain est né. Jade n'est pas allée au pré…

Et je raconte en bredouillant à moitié, tant je suis énervée, ce que j'ai vu à côté.

— Tu voudrais y aller maintenant ? demande Maman.

— Oh oui ! Vous venez avec moi ?

Ils se lèvent d'un même élan :

— Bien sûr !

Au moment où nous allons sortir, Maman se reprend :

— Et si ce n'était pas ça ? On ferait peut-être mieux de leur demander par ta fenêtre.

— Hermeline, ma chérie, dit Papa. Un peu de spontanéité. Hugo et Liane sont dehors tous les deux, on ne les dérangera pas. Je suis aussi pressé que notre fille. Allons !

Nous longeons le trottoir bras dessus, bras dessous et tirons la cloche pour signaler notre venue, puis nous glissons dans la ferme par la porte cochère.

Liane a du mal à se frayer un passage entre les chiens qui nous accueillent en jappant :

— Je partais vous prévenir, dit-elle.

— Inutile ! explique Papa. La vigie a deviné.

Pendant que nous marchons vers l'écurie, j'interroge Liane :

— Vous l'avez vu naître ?

— Même pas ! Je suis allée regarder vers deux heures et Hugo, à quatre. Jade dormait tranquillement. J'y suis retournée à six et demie, vraiment par acquit de conscience, parce que je pensais qu'il ne se passerait plus rien cette nuit.

— Et alors ? demande Maman.

— Il venait juste d'arriver.

— C'est un mâle ? s'enquiert Papa.

— Oui, entrez sur la pointe des pieds. Jade est un peu nerveuse.

9

Une peluche gris foncé

Dans la paille, au pied de la ponette, il y a une toute petite peluche gris foncé. Cela me coupe le souffle. Jamais je n'ai rien vu de plus beau.

— Il a deux heures, alors ? demande Papa à voix basse.

— À peu près.

— Oh ! Quel amour ! chuchote Maman.

Moi, je n'ai pas de mot. Je me contente de regarder le front têtu entre les deux oreilles et les yeux bleutés qui nous observent.

Jade s'avance vers la porte et se met en travers. Elle n'a pas l'air très aimable.
— Tu as vu comme elle le protège, dit Papa.
— Allons ma belle, personne ne lui fera de mal à ton bébé, la rassure Liane. Laisse-nous l'admirer. Tu ne vas tout de même pas le garder pour toi.

La ponette se rapproche du poulain et se met à le lécher sur les naseaux, puis sur la tête et l'encolure. Elle le pousse un peu du bout du nez.
— Il n'a pas encore tété, explique Liane. Je crois qu'elle aimerait bien qu'il s'y mette.
— Comment sais-tu qu'il n'a pas tété ? dis-je.
— Il n'a pas réussi à se mettre debout. C'est fatigant de naître. Il a déjà fait quelques tentatives, mais ça ne marche pas. Regardez, il recommence.

Le poulain raidit ses antérieurs et essaie de soulever l'arrière-train. C'est lourd ! L'ensemble s'élève de quelques centimètres, mais les jambes de devant flageolent et le poids de la croupe l'entraîne dans un roulé-boulé.
Jade gratte du sabot dans la paille et envoie une bourrade à son petit.

— Ses mamelles sont tellement pleines que ça doit commencer à la faire souffrir. Viens Clara, on va aider le poulain. Passe derrière moi.

Je suis si fière de cette mission que je manque m'étaler en entrant dans le box.

— Ce n'est pas dangereux ? demande Maman. Pour son opération…

— Je ne crois pas. Clara, si tu sens que ça force un peu, dis-le tout de suite. D'accord ?

— Mm…

— Mets-toi à gauche, face à moi. Prends ma main gauche dans la tienne. On place nos bras sous sa tête et on fait pareil à la hauteur de la croupe. Voilà !

Le poulain nous regarde curieusement. Il ne semble pas avoir peur de nous.

— Allez bout de chou. Un petit effort ! Ça va Clara ?

— Oui.

— On lève un peu. Il s'appuie sur nous. Il a compris. Allez ! On monte encore un peu. Ça y est bonhomme. Tu es debout. On va l'amener à sa mère. Pousse un peu, doucement… Viens-là, ma Jade. On ne va pas traverser tout le box à ta poursuite. Bien !

La ponette s'approche et tend la tête vers son petit qui fourre aussitôt son nez entre ses antérieurs.

— Pas dans ce sens-là, gros navet ! Il n'y a rien

d'intéressant devant. Jade, tourne-toi. Dépêche. Il n'est pas lourd, mais quand même !

Au bout de pas mal de tâtonnements, le poulain parvient à trouver les mamelles de sa mère et se

met à téter en donnant des coups de tête si violents qu'il en sépare nos mains liées sous son encolure.
— On lâche tout, Clara. Il devrait tenir. De toute manière, il ne nous laisse pas le choix.

Patatras ! Le poulain s'écroule dans la paille. Papa éclate de rire :
— Qu'est-ce que c'est mignon. Je vais aller chercher mon appareil photo.
— Demandez à Hugo, conseille Liane. C'est moins loin. Normalement, il a une pellicule dedans.

Un peu sonné, le poulain respire un bon coup.
— Il va trouver le mode d'emploi tout seul, dit Liane. Maintenant qu'il a bu un peu, il va faire des efforts pour recommencer.

Jade revient le lécher.
— Elle n'arrête pas de le mouiller ! dis-je.
— C'est le contraire. Il est né tout mouillé et, en le léchant, elle le sèche. Elle lui a d'abord débouché les naseaux pour qu'il puisse respirer. C'est une bonne mère. Pourtant, ce doit être son premier poulain.
— C'est l'instinct, murmure Maman.

— La première fois, ce n'est pas évident. Il arrive que les juments ne sachent pas du tout s'y prendre. Il faut leur montrer ou faire le travail à leur place. Allez bouchon ! viens boire ton colostrum.
— Ton quoi ?
— Le colostrum c'est ce qui vient avant le lait. Je ne sais pas si ta mère t'a allaitée, toi, Clara ?
— Oui, oui ! répond Maman.
— Eh bien, elle aussi avait du colostrum. C'est un produit qui est plein de bonnes choses pour les bébés des mammifères. Ça les protège de toutes sortes de maladies. Si on n'en boit pas, on est beaucoup plus fragile pour affronter la vie. Le lait vient après.

Je n'en reviens pas :
— Alors, Jade est comme Maman ?
— Les humains sont aussi des mammifères. De là à dire que ta mère ressemble à Jade, tu exagères un peu !
— C'est sûr ! s'exclame mon père qui précède Hugo, armé de son appareil photo.

10

Baptisé à l'unanimité

C'est le premier flash qui réveille vraiment le poulain. Se prendrait-il pour une star de cinéma ? Toujours est-il qu'il rassemble ses pieds en un temps record et parvient à se mettre debout.
Pour ses premiers pas, nous retenons notre souffle. On a l'impression que le moindre courant d'air pourrait le renvoyer dans la paille.
Même Jade s'en mêle. Elle le bouscule un peu trop. Mais il tient bon et retrouve la mamelle pour un vrai repas, cette fois.

— Comment allons-nous l'appeler ce petit bonhomme ? demande Hugo.
— Il faut un nom qui commence par o, dit Liane. C'est la lettre de l'année.
— Pas facile, dit Maman. O…
— Moi, je sais ! s'écrie Papa. Je propose : « Oh quel amour ! »
— Un peu long, mais rigolo, approuve Hugo.
— Original, sourit Liane.
— Je plaisante, rectifie Papa. C'étaient seulement les premiers mots d'Hermeline quand elle l'a aperçu. C'est à vous de décider, pas à moi.
— Oui… mais il va y avoir tant de noms semblables, cette année, remarque Hugo, des Oscar, Obscur et même des Obélix… Celui-là serait unique. Et n'oubliez pas que nous attendons deux autres naissances. Il va falloir faire preuve d'imagination. Nous voterons… Êtes-vous d'accord ?

À l'étonnement de tous, je déclare soudain :
— Il faudrait aussi demander son avis à Lise. Vous ne croyez pas ?
— Tu as raison, dit Liane. Elle a tout de même passé

une nuit blanche à l'attendre, ce garnement.
— Excellente idée, confirme Papa. D'ailleurs, je vais aller téléphoner à sa mère pour qu'elle nous la confie ce week-end.

En attendant l'arrivée de Lise, je m'assieds dans la paille du box avec Liane.
Après sa tétée, le poulain fait quelques pas dans notre direction. Ses jambes ne sont pas sûres, mais il semble déjà avoir envie de découvrir le monde.
— Il n'est pas peureux ce petit-là, constate Maman.
— Nous avons pratiqué ce qu'on appelle l'imprégnation, explique Liane.
— Qu'est-ce que c'est ? demande ma mère.
— C'est une méthode plutôt nouvelle qui consiste à manipuler les poulains dès la naissance. On les caresse sur tout le corps. Cela leur donne l'habitude de l'homme. Un poulain apprivoisé réagira mieux, plus tard, qu'un jeune sauvage qu'on a laissé grandir en totale liberté.
— La ponette vous a permis de toucher son petit ? interroge Papa.
— Oh, répond Hugo, je me suis occupé d'elle

pendant ce temps-là.

Pas du tout intimidé, le poulain s'avance jusqu'à moi et tend le cou pour me sucer le genou. Je me retiens de rire de ses chatouilles, afin de ne pas lui faire peur :

— C'est amusant qu'il ait de si grandes jambes et l'encolure tellement courte.

— La nature prévoit tout, répond Liane. Quand il naît, le poulain a juste besoin d'atteindre les mamelles de sa mère. Brouter l'herbe ne lui servirait à rien. Par contre, il doit être capable de fuir au galop avec elle, quelques heures après sa naissance, pour échapper aux prédateurs.

— Ici, il n'a rien à craindre, en tout cas. Ce sera le poulain le plus heureux du monde.

— Je l'espère, dit Liane.

Au bout d'un moment, les yeux du poulain clignent de fatigue. Il essaie un demi-tour et bascule mollement dans la litière.

— C'est déjà l'heure de la sieste, remarque Liane. Laissons-les tranquilles.

Je sors du box à regret. Les mouvements du poulain sont si attendrissants que je voudrais ne jamais le quitter. Même pour le regarder dormir, j'en oublierais de manger et peut-être aussi de respirer. Je suis folle de lui.
Dans le pré, les poneys ne broutent pas. Ils sont alignés face à la clôture, comme s'ils nous guettaient.
— Regardez-moi ces concierges, dit Liane. Ils attendent des nouvelles...
— Je vais aller leur en donner, ne t'inquiète pas.
— Ne te fatigue pas trop, Clara, conseille Maman.
— Je me sens toute légère, avec mon appendice en moins ! Et vous vous rendez compte, je ne les ai pas vus depuis plus d'une semaine ! Ils vont finir par me bouder.

J'offre une tournée de câlins au troupeau, mais c'est Sable d'Or qui en réclame le plus. Se serait-il ennuyé de moi ?
Réglisse-Menthe reste un peu à l'écart. On dirait qu'il redoute les mouvements trop vifs des autres.

Pourtant, grâce au traitement du vétérinaire, il paraît en forme. C'est quand même difficile d'imaginer qu'il a été un tout petit poulain !

Je ne sais pas si Papa a expliqué à Lise que l'invitation venait de moi. En tout cas, elle a l'air presque gentille aujourd'hui.
Je vois bien qu'elle est aussi sous le choc en découvrant le poulain. Ça rend son visage bien plus doux que d'habitude.
— Alors ! s'exclame Hugo. On le baptise, ce nouveau-né ? Un petit jus de pomme, les filles ?

Dans la cuisine de la ferme, nous trinquons à l'avenir du poulain de Jade.
— Votons ! propose Liane en s'approchant du grand tableau où elle note les choses à ne pas oublier. Moi, je l'écrirais comme ça : « Okelamour ». Qu'en pensez-vous ?

Tout le monde lève la main.
— C'est sympa comme nom, dit Lise. Et puisque c'est mon père qui l'a trouvé...

Personne ne fait de commentaire. Lise a manqué un épisode. Si elle savait que ce sont les mots de ma mère…

— Vive Okelamour ! s'écrie Liane, et que celui-ci ne fasse tomber personne ! ajoute-t-elle en me regardant malicieusement.

— Pourquoi ? demande Lise. Apache t'a encore fichue par terre ?
— Pas du tout. C'est fini cette époque-là.
— Tu vas me montrer ça.
— Désolée ! Je n'ai pas le droit de monter pour l'instant.
— Dommage…

Finalement, je ne suis pas mécontente d'avoir un peu de répit avant d'affronter de nouveau le regard moqueur de ma demi-sœur.
Je compte discrètement sur mes doigts pour savoir si le week-end où je reprendrai le poney se fera avec ou sans Lise. Zut, alors ! Elle sera là. Je n'aurai pas le droit de manquer mon coup.

L'auteur, Mireille Mirej

« Tous les sujets m'intéressent : les enfants, les animaux, les soucis ou les bonheurs de la vie... J'ai quand même un faible pour les chevaux - et les poneys ! D'ailleurs, ils me portent chance, puisque mon premier livre, *Un cheval de prix*, parlait déjà d'eux. En général, j'écris la nuit. Et je vais me coucher lorsque les oiseaux commencent à chanter. Le jour, je vais souvent rencontrer des enfants dans leur classe. J'aime leur donner envie de lire et d'écrire pour apprendre et rêver. Partager mes passions, pour moi, c'est le plus important. »

L'illustrateur, Bruno Pilorget

L'illustrateur est né en 1957 à Vannes. Après deux ans passés à étudier aux Beaux arts de Lorient, il se lance dans l'illustration. Il débute pour Gallimard en 1982. Depuis il a illustré de nombreux romans, contes ou albums chez différents éditeurs. Il a vécu douze ans à Paris, puis est parti vivre avec sa femme, auteur-illustratrice, et ses deux garçons, près de la mer du golfe du Morbihan, à Arradon.

Table des matières

Dans la même collection

Les nouveaux poneys

Clara aide ses nouveaux voisins à installer leur poney-club dès qu'elle a du temps libre. Ce matin, elle accompagne Liane et Hugo à une vente de poneys. Quel bonheur pour Clara de passer la journée avec ses amis et de voir tant de poneys !

Panique au poney-club

Aujourd'hui, Liane et Hugo sont obligés de s'absenter de la ferme. Clara est chargée de surveiller les poneys et tous les animaux. Quelle panique ! Heureusement sa demi-sœur Lise vient l'aider.
Une journée mouvementée se prépare...

Dépôt légal : mai 2003 – N° d'édition : 2026
Imprimé en France par Pollina - n° L89696-A.
ISBN : 2-08162026-X – Loi n°49-956 du 16 juillet 1949 sur les publications destinées à la jeunesse.